Sourie Wultsch

ORGIASTEN

Bibliografische Information
der Deutschen Nationalbibliothek:
Die Deutsche Nationalbibliothek verzeichnet diese Publikation
in der Deutschen Nationalbibliografie;
detaillierte bibliografische Daten
sind im Internet über dnb.dnb.de abrufbar

2020 Sourie Wultsch
Herstellung und Verlag:
BoD - Books on Demand, Norderstedt
Satz, Covergestaltung: Sourie Wultsch
paul.braunsteiner@gmx.at

ISBN 9783750451841

Sourie Wultsch

ORGIASTEN

Dank an Paul, auf den einige Redewendungen zurückgehen und der mit viel Geduld sein Wissen über das verwendete Computerprogramm geteilt hat.

AUFSCHREI

Uschi, eine fesche Frau, fuhr mit der Fähre aus dem Hafen in Haifa, sie war auf der Reise nach Chur. Sie war auf der Suche nach Ruhe, einem Scheich und einem Fass Hirse. Auch aufs Schifahren freute sie sich. Sie war frei. Ihre Ehe mit Erich war ein Haufen aus Asche. Sie war sich ihrer Sache sicher: die Fischerei half auch nicht aus der Schinderei, seit ein Haifisch das Ufer erreicht hatte und die Ruhr aus Eire brachte.

Die Echse Ari, ein Reiher und der scheue Aal hauchten bereits aus. Hirsche, Rehe, die Sau Ira und das Schaf Uri ließ sie aus Rache sein. Sie schrie auf, als sie sah, dass auch der Uhu und ein Aar in der Esche auf der Suche nach Heu die heiße, saure Hafer-Brühe fraßen.

Eine Seuche aus China rief Raucher sowie Säufer aus ihrem Rausch der Ära „Sauf rasch, rauch Hasch", ihr Einfluss

5

schwand schnell. Der Chef der Schiffer aß Reis aus Reue, die Feier fiel aus, seit ein Fuß im Eisfach für Aufruhr sorgte. „Hure", rief er sehr heiser aus Eifersucht, als seine Frau Aurelia in Sari, mit Fächer und Armreifen reich geschmückt, aus dem Ars-Haus kam, in dem sie auf der Harfe eine reife Arie und schiefe Sure gespielt hatte. „Ich rieche einen Hauch Fisch". „Ach, schrei hier nicht so herum", schnurrte sie fast lautlos, „schau her!"

Ein Ire aus Eire kam mit einer Fuhre Eier um die Ecke, fuhr vor ihre Füße, bremste scharf, die Achse aus Eiche brach, ein Ruf nach Hilfe erschallte, harsche Hufe scharrten, eine Aura aus Eierspeise verbreitete sich auf der Uferstraße aus Schiefer, ein Geruch nach reifer Scheiße fiel auf.
„Es reichen sechs rohe Eier, sie sind scheue Esser, keine Ur-Fresser!" „Los, sauf aus, wir fahren, wir erreichen sonst die Fähre nicht!"

Einsame Rufe kamen aus dem Haus, in dem Isa, die rechte Hand in einer Fasche, Rechen und Schuhe in der anderen Hand, schrie.

BLUTMONDE

Daheim in Dublin blutet Elton Bobo aus dem Mund.
Aus dem neuen Nobel-Motel daneben tönt ein monotoner
Rumba. Eine bunte Meute aus Models „en bleu et nude",
blonden Modellen und müden Edel-Nutten aus Bonn und
London lümmelt am Balkon.

„Nichts deutet auf einen Tumor!" moniert Udo, „er leidet
an einem Ödem!" „Der Bub lebt und muss leben", bellt Tone
Nolde, ein Monument von Mann im Mond.

Die Meldung von der Tombola schlägt wie eine Bombe ins
Blumenbeet unter der Ulme, auf der die Eule Emil mit den
Motten um die Wette tollt.

Udo löst die Bondage, die Elton ans Bett bindet. „Nomen
est Omen", deutet Bob auf die blutende Delle, „du bist und
bleibst ein elender Bobo". „Wir machen Beute in der Mette",

meldet Tone dem Letten Udo. „Komm mit! Wir buddeln einen Tunnel, legen eine Lunte, detto unter den Buden, beten ein Te Deum, denn der Dübel oben hält der Tonne Dynamit nicht stand. Dann nehmen wir die Moneten, entern den Opel und tummeln uns".

„Buona Notte, toll!" tönt Elton Bobo.

„Montag ohne Mord ist eben out!"

Am Ende duften alle nach Deo mit dezenter Duftnote, deuten ohne Ton oder Not unter die Bude und drücken auf die Tube. Im Lokal „Uno" toben Leute und nennen Namen. Um neun Uhr beenden Elton Bobo, der Bulle Bob, Tone Nolde und Lette Udo den blutigen Tag mit Nudeln in Mohn-Öl, Omelett, Melone, Met und Moet.

CHROMGELB

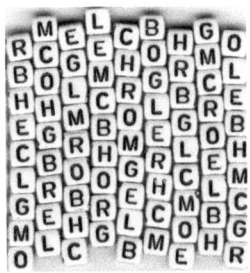

„Er hole mir Bohrer, Hebel, Hobel, Locher, Rechen und Brechbecher", gellte Gregor Hegel.

Ihm war übel von der Chemo. Leo beeilte sich. Die Blechmöbel im Elch-Gehege rochen nach Chlor. Oben am Hochmoor gedieh eine letzte Bromelie, die Brombeere und den Lorbeer hatte der Eber bereits im Begehr nach Morcheln gerodet. Goldgelb standen Rebe und Erle am Gehege-Tor.

Noch am Morgen wollte Lore Gehör in Rom erhalten, kam jedoch mit leeren Händen, ohne Ehre und ohne Geld heim. „Er borge mir Roller, Gemme, Robe und Helm", bellte Gregor roh. Leo und Lore lachten hell.

Ein ellenhoher Moloch aus Lehm, grob „Golem" genannt, erhob sich aus dem Loch in der Mole. Leo schoss ein Lomo, ehe er horchte. Das Echo eines Chorgesanges drang ins

Oberohr, leere Worte elender Lehre. Er hob den Leberegel aus dem Ebro auf und formte ihn aus Lego nach. Lore rollte einen Holm aus Bor und Brom im Germ, mogelte Gel und morbides Gelee dazu.

Gregor übergab sich, ergab ein Blog vom Mohr aus Elm, der zur Hege der regen Egel erkoren war.

DUNKELROT

Tone Nolde und Lette Udo nuckeln klaren Korn im Kontor nach einer leckeren Tour durch Dinkel-Knödel, Runkelrüben, Enten-Keule mit Kren und Rauke, gekürt von lockerer Torte. „Der Kontostand ist erfreulich", denkt Udo, nach dem ollen Knall im Tunnel. Tone kennt keine Not, er deutet auf den trockenen Sekt, ordert etliche Runden, Korken knallen, Leute munkeln und turteln. Onkel Nero aus Köln lenkt den Roller zum Kontor, steigt in den Keller-Erker und umarmt Tone eng. „Du Dreckskerl", tönt er krude, „lernen könnte man vor dir! Dein Enkel, der leider ein ekeliger Trottel zu sein, vortäuscht, erkennt Kultur dennoch. Er denkt, du wirst Doktor Dolores und Rektor Ken aus London retten können. Wir kennen nur unklar den Kodex, doch den Dekor-Deckel aus Nickel, der die Delle an Eltons Kopf knallte, lenkte der Urologe der Türken. Knüpfe nun den Knoten in die Kordel, versteck´ die Urne in der Tonne und versenke den Urenkel im Kot", ulkt er.

„Ist Elton tot? raunt Udo. „No, no, old true trunk" verneint Onkel Nero. „Er entert eine nette neue Rolle als Tenor in Kent im Rodeo, du verstehst?"

Ein spontaner Orkan aus Norden erfasst die üble Runde; die kluge Eule, die laute Unke, die unrunde Kröte, sowie Ren Lore, Elen Trude und der rote Leu kugeln durch das dunkle Tor. Eleonore, eine Kelle hortend, rennt aus der Luke und tut recht nett unken: „Locke, Klon und Tod, Kelten, Troll und Druck, Rodel, Trend und Trott, Toner, Öl und Ode, null Bock auf Dolor! Der Kunde holt am Ende eure Ernte ein, Kletten und Etrusker denken klug."

Sie windet ihre derbe Lende, trinkt Nektar, rollt eine runde Knolle, steckt die Kette an die Krone, trennt den Kern. Eine Rotte Erlen im Kurort an der Oder, von Kindern erkoren, eingeritzte Runen zu erlernen, erliegt der Detonation.

ERSTMALIG

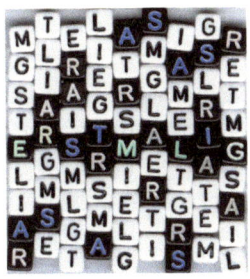

Margarete irrte sich im Saal, sie war starr vor Gram. Ihr Haustier, Setter Ismael litt einsam an arger Allergie. Sein garstiges, rares Laster, Mais-Germteig mit einem Liter ausgepresster Limette zu vertilgen, war sogar Tiermäster Elias ein Rätsel. Gestern aber erbrach der Setter erstmals Eiter.

Margarete trug den Eimer in den Garten, wo Assel, Ameise, Aasgeier, Igel, Meise, Imme, Esel, Geiß, Gämse, Lamas, Stare, Lämmer und Iltisse aßen und alsbald dem mageren Mahl erlagen.

Tiermäster Elias leistete erste Hilfe, lötete einen Eisensarg, begrub die Tiere im gar argen Mairegen unter dem Gehsteig der Garage.

Der arme, alte Setter Ismael aß meist Aal mit Algensalat, erbrach Galle, lag starr und träge auf der Liege im Lager hinter Gitter und sonderte ein eitriges Sekret aus allen Gliedern ab.

Margarete fand endlich den richtigen Raum, Master Amir hielt den Vortrag über die Reise zum Mars zum ersten Mal, der Saal war fast überlastet. Als er vom Astral-Raum MIR vorlas, lärmte einer der Gäste. Margarete starrte ihn an wie einen Geist aus dem All. Der Gast starrte auf das irre Girl, stramme Striemen geißelten sein Gesicht. Ein Seil aus samtigem Sisal ragte aus dem Ärmel seiner Weste.

„Legitimieren sie sich" sagte einer der Meister im Saal.

„Elias Gilgamesch, ergebenst; agiler Agrar-Tiermäster aus Riga in der Taiga, beauftragt vom Gemahl dieser irren Maid im Glitter-Glimmer-Alter voll Amalgam im Maul, Särge zu leimen".

„Mieser Gallier im Malermantel, bist du von allen Geistern verlassen?" entgegnete Margarete smart und lammfromm.

Der Lärm riss Ritter Ali aus Triest, der gerade Trester verkostet hatte, aus dem Traum. Er raste über die Straße, sattelte eilig, gab dem Rappen einen Tritt, ritt drei Meilen, passierte eine Tram-Trasse, glitt über Gleise, ignorierte eine gelbe Ampel, befreite eine Geisel und saß steil als Sieger im Sattel, als er mit Gerassel in den Lesesaal preschte. „Hier ist immer etwas los, las ich in einer E-Mail", stellte er sich eisig, mit Masern im Gesicht, vor. Da brach Tumult aus: Ein träger Stamm aus Reisig hatte sich gelöst, ein Ast brach, alle Insassen hielten den Atem an, Margarete geriet mit Arm und Rist in eine Rille, schrie leise auf. Erst der greise Ire aus Eire, ein begeisterter Leser, zerriss den geilen Sari und befreite Margarete aus der miesen Lage.

„Sir", sagte Margarete selig, „sie haben mir das Leben gerettet, ich sage Danke. Ein Same ihres Stammträgers ließe sich

in limitierter Auflage in Gel und Essig oder Eis einfrieren, der Leiter der Agrar-Tiermäster, Elias Gilgamesch, ist sicher mit einer Serie Eimer, Eistiegel und einem Messerset gereist. Es ist bei mir so Sitte. Bereit?" Ritter Ali, Legat in Triest, trat zum alten Iren und forderte Regress. „Ihr Samen für den Rest des Lebens trist in Gelee eingelegt, im Regal abgelegt? Die Dame ist irr, gehört hinter eiserne Riegel!"
Margarete brach in Tränen aus.

Egal, wie mies die Marge war, für ihr Haustier, Setter Ismael, endete Mast und Rast letal.
Ein einsamer Gersten-Esser an der Aller liest bis heute im Schein einer Gaslampe eine Messe in der Mette um Mitternacht und steckt als gute Geste eine Aster ins Glas am Grab des Setters Ismael.

Margaretas greise Amme Amelie auf einer Alm in Lima hält das für eine infame List.

FREMDLING

Der Geiger Merlin aus Elm rang mit einer Dirne im geilen Dirndl.

„Deine feigen Lieder gehen mir auf die Eier!" flennte die feiste, derbe Dirne Mireille aus Lille.

Wie ein Film flimmerten leidige Bilder eilig in des Geigers inneren Lidern. Als Freier erfolglos, rief er in der Gilde der Ringer mit der edlen Geige und feinen, flinken, fragilen, eifrigen Fingern Neid hervor. Leider gefiel der fremde Geiger weder Mireille, Gerlinde noch Inge, die gierig immer nur nach Geld, Armreifen, Rang, Gemmen und Ringen geiferten.

Lange davor musste er emigrieren, ging wie ein Lemming der Rederei des Eigners einer Reederei auf den Leim, verlor eine Menge Geld, ergriffen an die Reling gelehnt, im Meer. Nun im fernen Genf angelangt, wollte er die Regie ergreifen, ein reifes Lied über sein Leid als Neger-Geiger reimen,

Frieden finden, doch das Regieren und Komponieren wollte ihm nicht recht gelingen, da er in Mireille im engen grellen Leinendirndl irre verliebt war.

Ein Ire aus Eire, in Leder gekleidet, betrat die Diele, orderte Gin und trank gierig.
„Unter einer Linde lernen wir uns lieben, unter der Erle liegen wir begraben. Ergreifen wir den Degen, dengeln, flämmen, flennen, rennen, leben, gnädige Elfe" meldete er. Dem Geiger Merlin liefen eimerweise Tränen. „Dein Eifer, deine reife Rede, edler Fremdling, ist nicht mit Lire noch mit Dille aufzuwiegen".

Auch die Dirne ließ meilenweit die Äuglein rinnen. „Kein Meineid mehr, mein lieber Merlin, in dieser reinen Diele am Rand der Meiler, wo Igel und wo Egel liegen, wo Greifvögel frohe Lieder grölen; gern will ich dir dienen, für immer nur die Deine sein. Ein Ire kann nicht irren, freie mich!"
Des Neger-Geigers Merlins Glied stieg hoch zur Niere, dem Neider Friedl, in einer engen Ecken-Liege drin versteckt, fiel Gift in eine Rinne.

„Fliege frei, mein Firmament, mein Riegel und mein Reigen, nie mehr muss ich leiden", reimte Merlin, der Geiger und ging.

GRABSTEIN

In einem Graben, umringt von Bergen, liegt, eingebettet wie eine Bastei, die Abtei Geras.
In nahen See leben Ringelnattern und Enten. In einem Park neben dem See grasen Eber, äsen Rentiere; Braunbären, Nasenbären und Tiger sind in eigenen Gehegen im Garten getrennt. An gefiederten und fliegenden Tieren sind Aasgeier, Raben, Bienen und andere Geier eingesperrt.
Der Abt, ein grantiger, bärtiger, beringter Greis, reist nie.

Die Natur ist gesund, der Ertrag der Raststätte im Gastgarten des eigenen Internats ergiebig.
Selbst die Totenstadt mit ihren Gräbern aus Granit und Särgen aus Gneis ist eine Tagesreise wert.

Eines sonnigen Tages reisen die Nonnen Sister Regina, Brigitte, Sabine und Anita nach Nigeria. Sie sollen Astern und seltene Grannen ernten und in die Basis-Abtei bringen.

Abends beten die Nonnen, bevor sie sich dem riesigen Abendessen hingeben: Eisbein in Bierteig, Grießbrei aus getrennten Eiern, Rebensaft und Bananeneis. Abschließend eine Tasse bester, bitterer Eibentee. „Streng geheim", grinst Sister Sabine. „Nirgends isst eine Nonne besser als in Arabien" ! „Afrika, beste Sister", entgegnet Brigitte.

Die nächsten Tage regnet es ergiebig. Gras, Grannen und Rasen sind nass, also tragen die Nonnen einiges an banalem Tannenreisig ins Innere der Gaststätte, entbieten ein Abendgebet und besprechen die Abreise. Ein Stern, astrein als Saturn erkannt, scheint ins Bett, bis unerträgliche Bisse eines Nagetiers Sister Anita aus dem Traum reißen. „Nirgends eine Ratte oder ein anderer Nager zu sehen, aber Nissen nisten an deinem Nasenbein ", sagt Sister Brigitte zu Anita. „Sie tarnen sich in Tarnfarbe, beißen von innen steil in die Stirn, singen wie besessene Bestien anregende Gesänge, nässen in den Nasenbart, bis dein Interesse am Nirwana nachlässt". „Brechen wir bitte die Reise ab", sagt die blasse Regina, „sonst geraten wir in einen finsteren Sarg". In Tränen aufgelöst, schreibt Anita mit beiger Tinte ein Testat, starrt ratlos auf die antike Bar, festigt ihren Teint und tötet die bestialischen Tiere in der Nase.

Die Anreise in Geras der artigen, integren Nonnen ist dem Abt ein internes Fest wert. Er engagiert Sänger, Bassisten, Geiger und Stangentänzerinnen. Sein Grant war gestern. Einige Gäste beginnen zu rasen, bitten die Stangentänzerinnen um einen Reigen, betasten deren rasierte Beine, tragen Ringe an die Bar, reiben ihre steifen Glieder. Aber der Abt betritt mit Besen, Sense, Beil und Gerte den Saal, streng bringt er die gierigen, geilen Rangen zu Verstand und erinnert an den Anbeginn der Asen, reine Integrale und Straftests. Angst breitet sich aus; aus Anitas Retina und Nase rinnt Tran, gerinnt aber rasch.

Die Reste des Festes werden am nächsten Tag entsorgt.
Kein Anbiss, kein Abriss, kein Gebinde, kein Eisenträger, kein Bast-Strang ragt in den Ginster. Rein nichts mehr erinnert an die gestrige Raserei.

Am Tannenast aber singt ein Star.

HEIMATLOS

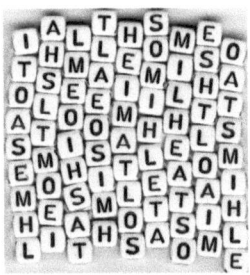

Thomas hielt den Atem an. Immer, wenn er den Helikopter aus Ostsomalia am Himmel sah, wurde er heillos matt. Ein Satellit war einmal in den steilen Stausee gestürzt, ein Soldat namens Alois stahl in Eile ein Teil, seitdem war das Tal tristes Atomgebiet. Emil, ein Matrose, sah damals, am hohen Mast aufgestellt, eine Oleat-Oase im hellen, heißen Sand der Mole.

„Ahoi, toll!, ich lotse leise mit List meine Omi dorthin", dachte er „eine Ölsaat wäre Leim für meine Ehe im Heim, sie wäre die lautlose Tristesse in der Hose los", so verfiel der alte Matrose in stille Illusion, fiel vom Mast auf den Steiß, es endete leider letal.

Eine lose Latte am Tatort stellte ein eitler Lette samt Maß in Elle mal Meile ins Web, seitdem nahm das Asylamt meist Oma ins Visier.
Ein Stahlhelm-Imitat aus Laos lag im samtigen Moos, am

Ast der Sisalstaude stand eine stille Meise, eine Assel rasselte, als Thomas alias Amos eine E-Mail nach Athos versandte. Er bat um Most und Mate, Antihistamin-Tabletten, Eis, Leim und einen Malkasten. Etat für Ei, Seim, Sesam und Hammel hatte er meist. Sein Stoma tat weh.

Im Mai stillte ein Samen Amelies Lust im heißen Almdorf in Lima.

INSPEKTOR

Ein Ire aus Eire steht am Tresen eines Kontors in Rio. Optikerin Rosi Rotte und Inspektor Poe pokern um die Speisekarte. Sie besteht darauf, Eierspeise mit Kren, Pesto, Reis aus Peking und Tonic zu ordern, er isst Rosinentorte, Eis, trinkt einen Tropfen Korn und trockenen Sekt.

„Prost", ein Korken pfeift los, „meine liebe Stil-Ikone!" Rosis Stirn errötet sanft. „Stinkende Strick-Socken stopfen", denkt sie, „ist nicht mein Pläsier". „Lass uns zur Rezeption eilen, ich will dein Kinn kosen, deine pinken Knospen kosten, deine Knie kneten, deine Pisse nippen, deine Poren riechen, auf deiner Taille reiten, in deine kleinen Weichteile sinken". „Es ist Poesie", meint sie lautstark, „er spinnt", denkt sie im Stillen. Der Ire denkt sich sein Teil.

Inspektor Poe legt seine Pistole in ein Kopfkissen voller Nissen, lässt seine Lenden kreisen, trinkt Rosis reinen Nektar, spendiert noch eine rote Rose.

Unterdessen rumort es auf der Treppe im Kreiskrankenhaus. Der Rotor eines Helikopters kreist über den Sektor „Pest & Pocken", endlich lenkt der Helikopter über der Post ein und landet in der Sektion „Interne Notoperation".

Rektorin Resi Onassis reckt es. „Stop. Der Patient stinkt wie die Prostata eines Straßenköters, der eine Kröte gefressen hat, die von einem Stinktier angepisst wurde. Eine Nierentransplantation könnte streng genommen als grob fahrlässig gelten".

Rektorin Onassis ist die Sorte Optimistin, die gerne Knete am Konto sieht, ergo verordnet sie die Operation. Sie nimmt eine Prise Koks, der Popo des großen Kindes, kotverkrustet, kostet eine Menge Arbeit. „Okidoki, ohne Not kein Kies", denkt Resi post Resektion, spießt den rostroten, entnommenen Nierenstein in die Enten-Nistkästen neben dem Osttor und denkt mit solcher Intensität an den netten Inspektor Poe, dass diesem, noch atemlos, Knoten in den Knien pressieren.

Erst anderntags streckt der Ire aus Eire seine Beine in der Oper aus. Epistel eins des Epos „Spinnerei in den Tropen" ist vorbei, in dem ein Inspektor einer Rektorin Trost spendet. Kapitel drei, „Ernte-Story", in dem sich eine Priesterin und eine Optikerin im Vorort mit einer Espen-Sprosse necken, sperrige Kleider vom Leibe reißen, einander unter Sternen küssen, Sporne und Noppen in versteckte Teile senken, Tiere ertränken, Noten und Nieten teilen, steht noch aus.

Seit kein irrer Senior tosend prostet, eint sein Protein die Reste-Kokser.

JAUCHZEND

Dana hatte drei zahme, jaulende Hunde: Anne, Juna und Jan; ein Dutzend Hennen, einen Hahn, ein neues Dach, genügend Heu. Die Jauche faulte dezent nahe des Zaunes auf der Düne in der Au, sie war ja auch von Nutzen.

Danas Hände waren durch harte Arbeit recht entzündet, ihre Zähne und das Zahnfleisch auch. Ein Ahn aus Judäa, den alle „Eunuch Daune" nannten, ein Hüne angeblich, hatte in seiner Ehe mit Jane in den Dünen gehaust. Nun, es waren dutzende Jahre vergangen, doch am Ende blieb ein Echo der Chuzpe zurück; man taufte Dana "Juchhe Düne".

In ihrer Jacht tanzte Dana „Juchhe Düne" Cancan, Hund Juna strauchelte. Nach acht Uhr hörte sie Jazz, Hund Jan jaulte laut. Im Juni nahm sie Hund Anne an die Hand, deutete auf das zähe Huhn und zündete, laut juchzend, nach und nach, die Hütte und acht Uhus an.

KLIMAZONE

Auf einer Alm in Lima lebt die Amme Amelie alleine. Im Zimmer liegen Klemmen, Kellen, Zement, Klinken, Zinken und Monokel auf dem Linoleum. Im Keller lagern Kalk und Kalzium, Oma, Onkel Mike und ein Zombie.

Bevor Amelie auf die Alm zog, studierte sie Ökonomie und Ökologie, doch als Mama ein Melanom auf der Milz bekam, zog sie sich zurück. Nahe der Alm leben ein Lama, einige Kamele und ein Lamm. Amelie zähmt Lama und Kamele, melkt alle zusammen und betreibt eine kleine Molkerei. Die Emmen fing sie ein, gab ihnen Limo aus Limonen, Minze und Melonen mit Ei und nun floriert auch eine Imkerei.

Im Mai bekommen Amelie und ihre zahlreichen, lieben Enkelinnen Zäzilie, Meike, Elena, Ilona, Zoe, Monika und Alina immer Lust auf Samen. Dann kommen sie auf der Alm zusammen, trinken Alkohol, necken amikal alle Lämmer und balgen sich wie Amazonen zwischen Akeleien, Zykla-

men, Anemonen, Lilien, Nelken, Azaleen und Lein.
Am Ende ziehen sie alle Leinenklamotten aus, klopfen die Samen ab und pflanzen sie in Körbe voll Moor.

Enkel Zeno kommt selten in die Enklave.

Einmal, die Kleider trocknen an der Leine, kommt als böses Omen ein Inka mit einem Karzinom aus Olims Miliz aus dem Keller.

Die Enkelinnen reisen in aller Eile ab, Amme Amelie holt eine Lanze, umklammert ihre Zinken, Zacken, Kellen und Klemmen und gießt Alkali auf den Zombie-Mann. Nach einem kurzen Zank holt sie noch Leim und einen Keil, zuletzt zementiert sie den Inka-Zombie im Keller ein. Ein Abendmahl mit Melanzani-Cannelloni, mezzo al dente con oleo, Ei und Malzbier beendet den Zwischenfall. Amelie trinkt Alkohol aus Aloe und fällt ins Koma.

LOVECRAFT

Durch einen Treffer mit dem Colt in den After auf einer Flotte verlor Raffael alle Verve, seitdem stapfte er mit dem Rollator umher. Am Tatort lagen auf der Toilette, in einer Rolle aus Teflon versteckt, seine Flöte, eine alte Tröte und Tarot-Karten. Das letzte Orakel vor dem Treffer versprach leere Worte.

Im „Coral"-Riff wollte er raften, doch oft raffte ihn ein voller Teller mit fetter Torte fort von seinen trüben Träumen. Das ovale Affenfell eines Laren lag flockig wie ein Troll im flotten Fort. Vor dem Tor lag Torf, ein rotes Velo verrostete im Flur, die Flora bestand aus alter Aloe.

Nach der Tat floh er fort, das Etat war rar, an der Aller hatte er noch einen Freund mit einer Loft.

Eine Art Duft nach Aftershave und Taft lag in der Luft, ein Rotor dröhnte, eine Latte troff vor Fett, Cora lag in einer Lore, ein Lette stand davor.

MISCHWALD

Als die Amme auf der Alm in Lima wach wird, mit schalem Schmand im Mund, waidwund, latscht sie in den Wald, lahm, voller Scham im schwammigen Hals. Der schwache Schrei des Lamas schallt, als ein schlimmer Dachs sich leise auf das Dach schleicht und ein Mahl aus Milch mit Chili aus der Lade stiehlt. Doch die Amme lacht heimlich. Sie denkt an damals, an das himmlische Walhalla, als sie am Damm im Schlamm Haschisch wild wachsen ließ. Ein Sachse, Achim Clam-Callas, nahm damals alles ab, mischte agil das Hasch mit Lachs-Milch, Aal-Schleim und Wal-Asche und schwamm mit einem chilligen Kahn seiner Wahl nach Siam. Ein Schwall aus mildem Hass lähmt ihr Lid, doch bald wischt sie sich mit schwieliger Hand das schale Aug´. Ihr wahrlich schlanker, lascher Wallach „Calm Child" mahlt mit seinem Maul milchige Halme.

„Da laust mich das Ai", lacht Miss Lima-Alm, malt ein Schild mit „Ballsaal" und macht sich auf ins All.

NOSTALGIE

Leos Leberegel aus Lego galt lange als eigenes Genre unter den Genossen der Stil angebenden Liga.

Erst als ein Geiger, ein genialer Solist, einen Song aus sinnlosen Sonaten mit seiner singenden Geige sägte, sagte sein Agent gelassen nasal: „du solltest einen tönenden Gong aus Lego-Steinen gestalten".

Den Geiger befiel Angst und Agonie.

Einst liebte er ein Mädel, doch ging er fort, ein Egoist, des eignen Vorteils stille Sonne zu genießen. Nun stand die Sonne tief, es lag Stagnation in der nassen Luft. Sollte er sein Metier, seine Stage verlassen, sein Genie in Lego Steine legen?

„Ente mit Soße intus", sang er fast tonlos, im Ballsaal seiner alten Loft, in die Länge gezogen wie eine Galeere, bevor er in der Galerie Gin mit Eis in sich goss. Inge, die als Einzige gebliebene seiner Gespielinnen, immer noch auf Geld und

Rang aus, sog atemlos, an seinem Glied saugend, gelatinöse Nässe heraus. Ein Glas glitt zu Boden, Gin und Samen ergossen sich unter die Liege. Inge glitt der Länge nach aus, kotzte Galle.

Leo hingegen war am Zenit seines orgiastischen Lego-Bildens angekommen. Tolle, leise Engels-Töne glosten und klangen um die Gebilde, lösten Krisen bei Feingeistern, Neid bei Gästen und Allergien bei Nihilisten aus. Ein seniler Onkel aus dem Osten, Laie in allen Gebieten, löste ungesehen ein Lage lila Steine aus einer großen Lego-Gestalt. Mit einer Eisensäge, einem Stilett und einem Lineal gelang ihm das Unsägliche: Gas entströmte, ein tosender Sog löste neun Leinen und sieben Seile; Tone, ein Mann im Mond sowie ein agiler Lette, die im Stall eingestellte Rosse striegelten, flogen Nase voraus über die Straße, so die Sage.

Leo war es egal. An einem losen Ast ließ er Algen anbringen, langte sich eine Latte, gelierte einen Iltis, las Lao-Tses Segen und seilte sich am Ende des Tages „so long, gutes Gelingen in Not" singend, in ein Atoll im Osten von Laos ab.

Im Gang der Galerie gießen nun gelassene, listige Glasbläser Longdrink-Gläser; ein Gast aus Eton verließ leere Säle.

ORGIASTEN

Einst war Sister Regina mit anderen Nonnen nach Nigeria gereist. Gerne erinnert sie sich an sonnige Tage, an denen sie üppig gedeckte Tafeln genießen konnten. An Gerichte aus Grieß, Teig, eine großartige Soße, Eis und Tee erinnert sie sich genau. Leider ging es bald heim nach Geras. Nach ihrer Anreise gab es eine Orgie. Ein Neger hatte auf einer Singenden Säge gegeigt, Stangentänzerinnen in String-Tangas getobt.

Seitdem sehnt sich Sister Regine nicht mehr nach Ross, Gans, Ren, Stier und Eintagsfliegen im netten Garten, auch Ginster, Nesseln und Gras, sogar der singende Star im Nest am Ast sind ihr egal. Ein unbestimmter Instinkt sagt ihr, dass große Rätsel gelöst, Enten geröstet, Austern genossen, Gin und Grog getrunken, Eier gegart, Brötchen getoastet, Angebote getestet, Ringe und Tangas getragen, Gläser gehoben, Tangos getanzt, Nieten sortiert und Arien gesungen sein sollten. Sie sagt sich ängstlich: „Das Kloster ist ein strenger Ort. Rasen gießen, Gebete leiern und Gott preisen ist stark einengend. Wie konnte ich so irren und in den Orden eintreten, ohne nach Saigon, Aosta oder in die Taiga gereist zu sein?" Doch kein Gönner befreit Nonne Regina aus ihrer geistigen Not.

Torsten, Tone und Egon, drei anstrengende Notare, sogar Teilzeit-Gauner als auch irrsinnige Freizeit-Radrennfahrer, ergötzen sich am Eingangstor des Klosters in Geras an Grasgeruch und Staren-Gesang, an äsenden Rentieren, grasenden Rössern, gerodeten Rainen, Orangenhainen und Gerstenfeldern.
Am Straßenrand ragen verlorene Granaten und Tornister aus dem Areal, die einst egoistische Gangster auf einer Rast in einen Strauch gesteckt hatten. Erst als Gasgeruch und Agent Orange den Rasen sengen, vergeht den Notaren das Grinsen. Gräser glosen, Äste bersten, Strontium versengt Saat, Steig, Trasse, Gang, Stiege, Garage und Gasse. Im Sturm erobern registrierte intrigante Serientäter den Anger und das ganze Areal, steigen dreist über den Ginster in den Rosengarten. Tote Tiere starren aus rostroten Augen in den öden Irrsinn. Aas-Gestank, nicht zu ertragen, treibt sogar Trolle fort vom Trog.

Ein Ire aus Eire, er stand einst lange, nass, als Gast an Angina erkrankt, vor dem Eingang, traut sich vor Sorge und Ärger, auch Angst um Sister Regina, nun rein ins Götterareal. Regina steht am Sessel, mit rinnender Nase wie unter Strom, starrt mit rasender Aorta auf die Reste des Desasters.

„Genese, liebe Sister, ich spende Trost; sei keine Närrin, stich mit mir in See, ich bin die Sorte Senior, die Art Sieger, die unter Garantie sogar Gestirne trösten kann".

So steigt im Osten die Sonne rosa auf. Vom See ertönt ein Gong und ein getragener Gesang. „Gott sei gepriesen", der Ire und die Nonne reisen im Tross, tragen Toga, genießen eine Serie von tollen Tagen. Sternenklare Nächte lassen Tat und Täter rasch vergessen.

Nirgends gibt es einen Eintrag im Register.

PSYCHOTIN

Nach einer Notoperation an seinem Popsch schont sich Son-
ny Pippin sichtlich. Weder hopst er hysterisch herum, noch
shoppt er toxisches Strychnin. „Ich möchte schon morgen
auf dem Popo meines Ponys sitzen", sinniert der optimisti-
sche Sohn einer nymphomanen Casino-Sponsorin.

Am Tisch im Spital steht eine Hosta, liegt Histamin und
Post für ihn. Er hat einen Shot Toxin intus, Opium, um den
Schmerz zu stillen. Seine Nymphe hat geschrieben.
„Ich bin in Sotschi, das Ton-Studio ist tipptop, die Tonspur
von Pop und Hip-Hop ist ein Hit. Ein Typ mit Python und
Coyote singt sonor wie ein Storch. Später spendiere ich mir
einen Pot Pasta „Tonno con olio" und Tonic in einem Shop
in Ohio. Schone dich, mein chaotischer Toy-Boy, bis ich
dich hole! Hot Kiss, sincerely yours, tiny Tini. PS: Sono so
solo since te".
„Schock!" schnellt Sonny hoch. „Der sonore Typ ist Yosh,

ein Cop!" Sein Herz pocht, vor Schreck pisst er sich in die Chinos.

„Schnell hin zur Sponsion, ein Storno des Top-Konzerts ist nicht in Sicht, mit Sporn, Spots und Spott sollen senile Psycho-Cops die Pipihosen hissen", so sein Tipp an Nymphe Tini.

QUALMKOPF

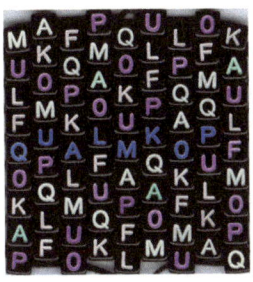

Paul Kafka flog oft im Alkohol-Koma mit einem Ufo auf
eine Alm.

Die Luft im Mai war lau; Olme, mit Kaulquappen im Maul,
mampften Kalmus. In einem ulkigen Laufkäfig standen
Lama und Lamm, ein Falke verlor Flaum im Flug. Im mil-
den Klima hatte eine Amme Kakao, Pflaumen und eine
Öl-Palme gepflanzt, um mittels Palmöl, Maismehl und Mol-
ke Krapfen zu backen.

Eine Kupfermine klaffte in einer Klamm, flockige Klumpen
aus Metall glommen wie Fackeln auf. Plötzlich floh ein Affe
flink in die Kakaoplantage. Ein Puma flog förmlich hinter
ihm her; ein plumper Koala war dem Kampf gegen den
Puma zum Opfer gefallen.

Paul erwachte mit mulmigem Kopf und Plaque im flauen
Maul. Müll hatte sich um das Alm-Lokal geklumpt und roch

faul. Oma molk das Lama, Opa war im Keller, die Flammen im Ofen qualmten kaum. Der Akku der Lampe war leer, kein Pulk Lakaien kam.

Ein Mofa aus Alu lehnte klamm am Plumpsklo neben einem lumpigen Muff. „Komm, sei klug", hatte Papa einmal gemault, „kämpfe am Pflug gegen die Mafia". „Pomali" quakte er aufmüpfig.
Aber auch auf der Alm war die Kluft zwischen Kaufkraft und Kauffokus qualvoll.

Paul nahm einen Apfel, mopste Mokka, pumpte Aqua minerale ins Klo, erschlug mit einem Pokal einen Kumpel namens Lupo, erklomm das Mofa, floh.

Ein dumpfer Moll-Akkord erklang, als er vor einem Puff mit einem Loop zu Fall kam.

REDUKTION

Im Kontor trinken Tone und Udo, Rektor Ken und Dirk, Doktor der Onkologie in Reunion, Tee. In der Konditorei daneben deutet Rentner Edi Tudor auf eine nette Nonne, die mit einem Iren aus Eire redet. „Kein Kunde kennt die Diktion der Noten, die rund um eine teure Auktion in Kent aufs Konto der Redoute geraten sind", kudert der trunkene Ire. „Ödes Denken", kontert der Rentner, „die Kaution, die das Kino Odeon in der Vitrine Treuhand in Kronen hortet", outet Rentner Tudor „ist weitaus delikater".
Udo und Tone, die eben vom Kontor zum Konditor trudeln, sind wie vom Donner getroffen. „Mon Dieu", denkt Tone, „da rinnen die Kröten treuselig herein". Udo nimmt eine Kokos-Torte ein, trinkt Korn aus, dann ist sich das Duo einig: Ein Kinobesuch bei Einbruch der Dunkelheit wird vereinbart.

Im Kontor ordern Ken und Dirk gedünstete Rentier-Keulen

mit Eidotter und Renetten, Entenküken mit Rotkraut, und trinken über den Durst. In der Konditorei errötet die reine Nonne, die Eierlikör kostet. Im Kino ist die Hölle los.

Udo und Tone trotten zum Odeon, rennen das Tor ein, entern das Rondeau, in dem die Kronen liegen, treten gegen die Vitrine, raffen Kronen und Korken und Kordeln und Knoten und den restlichen Inhalt der Vitrine, stolpern in die tintendunkle Nacht und rennen Richtung Norden davon.

Der Ire aus Eire, ein Druide, errät die Niedertracht des Duetts, das so eilig aufbrach. Er spricht vertraulich mit einem Rüden, einem treuen Tier. Der Rüde rennt wie ein Orkan nach Norden, erkennt die öden Räuber, Geifer rinnt über sein Unterkiefer, er fasst das Duo mit kotigen Pfoten, entreißt die Beute und retourniert die Kaution.

„Was für Nieten", denken die drei in der Konditorei. Der Rentner Edi Tudor, die Nonne und der Druide aus Eire trinken aus neonfarbigen, irdenen Krügen Korn und renken ein. „Eine Rente tut Not". Das Trio ist sich einig: „Die Diebe kennen keine Reue".

Dann betreten drei Nutten, Trude, Dorit und Eike, die teerige Erde der Konditorei. Auch Rektor Ken und Doktor Dirk treten herein, küren die Runde zur Union.

Am Ende tönen Oden in Dur.

SCHULWART

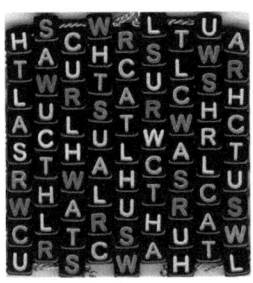

Aus der Aula der Schule in Rust hallt eine Art Lust-Schrei des schwulen Russens Saul Wultsch durch die Turn-Halle. Schulwart Lars Strauss lauscht, lacht laut auf, ein Schauer huscht über seine Haut. Wachstuch und Schlauch lässt er los, rast aus dem Haus raus. Hut und Talar des schwulen Russen wirft er in die Sträucher, Hass erwacht mit Wucht, wüste Wut wächst über Hals und Schulter.

Doch Saul steht schuldlos im Naturkunde-Saal. Ein ausgestopfter Lurch, uralt, eine präparierte Ratte, watteweich, ein verlauster Uhl in Chlor, taufrisch, eine gehäutete Wal-Schwarte, hart, stehen im Stau-Raum, der Stachel einer Wildsau, rau, der in den Daumen stach, war Schuld am Lustlaut des Russen. „Huch, Autsch!"

Die Fauna-Schau ist rar, im Urlaub nur will der Russe Saul Wultsch die alten Avatare seiner Wahl betasten.

41

Der Schulwart Lars hastet stürmisch in den Saal, traut seinen Augen nicht, als er stur und starr auf die strassbesetzte Uhr am Handgelenk des Russen schaut.

„Ein Schwur aus Schall und Rauch, aus eines Waldschrats wulstigem Hals, ruht ruch- und ratlos auf dieser Uhr aus Straß".

„Rate, wer vor dir steht", hallt es laut. „Schlau bist du, mein wohlgeratener Schwager, lass uns schmausen, ich rate dir zu Wurstsalat mit Lauch", sagt Lars sacht zu Saul.

Die Schwestern Traute, Sara und Ursula spielen auf Luren und Lauten auch Charts aus alten Alben nach.

TEUFLISCH

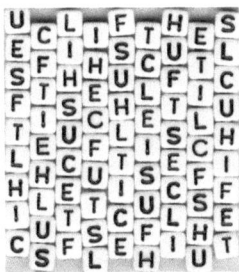

Unten am Fluss, bei einer Esche in der steilen Schlucht, schlief Lisi fest, tief und steif wie eine Leiche im feuchten Heu. Wie eine Elfe hatte sie Flöte gespielt, bis die Eule heulte, der Esel mit dem Huf scharrte, der Fuchs „schlaf gut" flüsterte. Ein Iltis huschte, auf der Suche nach Fleisch, listig in ihre Schuhe im Efeu.

Eine Seuche war mit der Flut über den Teich in die Schule und das Stift gekommen, seitdem war Lisi auf der Hut und auf der Flucht vor Tisch und Sessel, Leuchte und Stuhl, Telefon, Schleife und Schlaufe. An ihrer Hüfte heilte ein leichtes Cut, verursacht, als sie eine scharfe Feile schliff.

Der Este Ulf, ein technischer Zeichner, hatte heute Leucht-Tisch, Pinsel und Tusche, Lichtsäule, Auftragsliste, Fusel und Maltuch in Fuschl überstürzt verlassen, lief, süchtig nach Fischsud, in Eile zum Fluss und fiel über das Steißbein der Schlafenden.

„Hilfe“, schrie diese panisch, aus dem Schlaf gerissen, „du Schuft“.

„So sorry, sei unbesorgt, ich suche nichts als stillen, frischen, Fisch“, flehte der fesche Ulf.

„Uff, ich fürchtete den fiesen Teufel“, seufzte Lisi leise.

„So lauf zum eisigen Ufer, nimm das Seil an der elften Stufe im Schilf, sehr seicht fließt der Fluss an dieser Stelle, und fische Fisch, soviel im Siel sich findet. Ich feuere einstweilen Scheiter in der Esse an, ich teile sittlich gerne meine Sicht auf Schlucht und Suhle, leiste mir Gesellschaft und teil´ mit mir die Lust und Sucht nach feuchtem Fetisch“.

„Es ist mir eine Ehre“, fiel Ulf auf seine Turnschuhe, „mit euch zu teilen und ein Fest zu feiern“.

Eine Stunde später hisste Ulf fit sein Taschentuch.

„Seht her“! Sechs feiste Fische ließen sich die beiden Freigeister, Schulter an Seite wie Eheleute, schmecken.

„Seit jeher fehlt mir Seife, doch flieht die Seuche auch vor fischigem Geruch“, lies Lisi, fast schlafend schon, verlauten.

UNIVERSAL

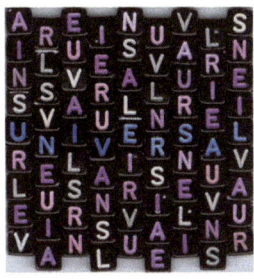

Leise nieseln Rinnsale von Viren wie Aliens aus dem Rüssel eines Sauriers aus Lego in Versailles.

Aus den Annalen, die in der Aula unübersehbar verlassen herumliegen, lernen wir, dass die Nissen einer Laus, die von einem Ren auf eine Sau übertragen wurden, ein Virus im Land verstreut, das sich nun rasant im All vermehrt. Von Reisen wird seitens der Regierung abgeraten, dennoch reisen Lars, Ursula, Saul und Resi gemeinsam von Lausanne nach Sinai zu einer seltenen, geheimen Séance. Erst als Ursulas Nase und Augen beständig rinnen, das Niesen kein Ende nimmt und es im Abteil nach Urin zu riechen beginnt, bereuen die vier Reisenden ihre Aversion gegen Autoritäten. Eine Serie saurer Rülpser-Salven verdrießt die Mitreisenden.

„Raus aus der Eisenbahn, du gehörst isoliert", plärren Resi, eine Rektorin, Saul und Lars vereint. Ursula verspürt einen

Stich in der Niere, einen Riß in der Vene.

Erst vor kurzem ist ihr einst in Russland verlorener Cousin Saul im Naturkunde-Saal gestanden, nur Lust und Freude im Sinn.

Vater Lars hatte ihr versagt, lila Lilien unter der Erle aus-zusetzen, es sollten Leinsamen, Linsen und Nüsse ausgesät werden. Nun, sie wird sich mit einem Seil aus Sisal, nur mit einem Leinen-Vlies leidlich bedeckt, an den Nussbaum knoten lassen, bis das Virus sie verlässt, fantasiert sie in ni-veauvoller Neurose.

„Lila Linsen werden den Rain zu dieser Arena säumen", säuselt sie im Nirwana, „Sister Irina, Leila und Lana singen Suren, Sister Lara und Luna tragen Saris und spielen auf Leier und Lure, Sister Selina ritzt Runen in die Rillen einer Urne aus Uran".

„Lass die Allüren, nimm lieber eine Prise Arsen ein", sinniert Saul.

Ein Ire aus Eire, alleine reisend, betritt, eine Arie singend, das unheilvolle Areal.

„In einem See in Erie tanzt ein Aal Salsa, Sir Rainer springt ins Nass wie ein Silen, das Salz aus der Saline in Rauris heilt deine viralen Launen", analysiert er singend.

„Eine lunare Sirene wird eines deiner Ohren säubern, neu saniert, null viral verseucht, wirst du mir Ale servieren!"

„Servus Ire", surren Resi, Saul und Lars selig.

VULKANIER

Am Rain zwischen Lein-Acker und Kanal küren lila Lilien das Areal.
Einige Vögel, Eulen, Alken, Aare und Rallen-Küken ruckeln Kerne aus der kargen Erde.
Nach Vulkanausbrüchen im April in der Ukraine, im Ural und den Kanaren und verloren vor allem Erlen alle Knospen.

Ein von Akne befallener Kurier hat sich verlaufen und verliest Neuigkeiten: „Die Luren und Leiern von Luna und Lara wurden im Keller einer Kläranlage, zwischen Klinker und Linoleum vertikal verkeilt, gefunden, gereinigt und renoviert".

Enkelin Alina, auf Urlaub im Irak, kann das nur verneinen. Mit Lineal, Lupe und Kuli und hat sie jede nur kleinste Rille, jedes Rinnsal, alle Relais, alle Keller und Kerker, alle Kurven und Erker, jeden Alu-Knauf, jede Luke, alle Niveau-Verläufe im Revier und sogar die Aula in der Kläranlage vermessen. „Mit Verlaub, hier verkennen Einige die Lage ", raunt Alina knurrend, mit Verve in allen Venen: „Allein, ich erkenne eine kleine Lüge, dieser Verkehrs-Verein verdirbt mir meine pure Laune in seinem Verlangen nach Uran".

Alina Verlaine erlernt Architektur an der Uni in Varna, ist klug und klar im Denken und kann neun Kerle intellektuell einkeilen und rein verbal einkerkern. „Erkennt die linke Kurie in eurem Land, Neider und Killer allesamt; lasst euch nicht verleiten, ihr werdet nicht nur eure Nerven verlieren; Aliens lauern im Universum, die mit der Kurie verkehren und sich vereinen versus euren reinen, kleinen Verstand. Gebt euch einen Ruck, verkennt die Lage nicht!"
Sie reckt ihr keckes Kinn.
Eine lunare Aura umgibt ihre ranke Linie.

Wie ein neues Kalenderbild erscheint Ikarus, der Ire aus Eire. „Lasst uns an Alraunen und Lianen-Ranken nuckeln, Arien leiern, Ure und Keiler anleinen, in hellen Aurikel -Auwiesen liegen, Aale und Keulen braten, Unken ulken, Larven und Eier essen und Ale trinken" verlautet Ikarus, der Ire.

WILDKATZE

Zwei Dutzend dekadenter Tanz-Talente zeterten ein dezentes Dada-Lied wie eine alte Litanei.

Ein Lette, mit wallendem Talar bekleidet, zielte mit dem Taktstock auf zwei Zecken-Stiche, die ihn zwickten. Die adelige Dekadenz zeltete an der Atlantikküste in einer Waldzeile, deren Delta im Weltatlas nicht eingetragen war.

Ein Widder weilte unweit in einer Wiese voll Akelei, Zyklamen und Wicke. Unter einer Weide im Tal stand ein Kitz, witterte und wetzte wie ein Wedel über eine edle, exotische Dahlie.
„Ein Witz, wie weit klitzekleine Zikaden die ideale Kadenz teilen" twitterte Edi seine Idee von untadeliger Erotik. Sein Teint war von der kalten Witterung faltig aufgetakelt. Ein Lid, teilweise vor Kälte gewellt wie Tentakeln, vollendete sein antikes Antlitz.

„Es ist Zeit, wieder unsere Teller zu füllen", klotzte Adele. „Aal mit einem Deka Wal-Fett und einem Deziliter Ei-Kleie della Adele", wer mag?", bellte sie, mit der Kelle wedelnd.

Alle zwei Dutzend Talente eilten widerwillig um die Wette zum Kiel der Zille, die verkeilt an der Kette lag.

„Ade, Zwitter-Weib, zelte alleine oder zu zweit, weile in einer Zelle, aber zwinge uns nicht, all unsere dentalen Zacken und Dellen mit letaler Ei-Kleie zu kitten", teilte der etwa zwei Liter Wein zwitschernde Lette mit.

X-MAS-NIGHT

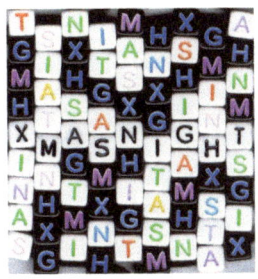

Im Mai hing Anita am Hang im Ginster fest. Sie saß sozusagen in der Tinte. Ein Gast, Sanitäter aus Sinai, ging samt Tante Naima im Hag hin und her. Naima sang wie eine Mast-Gans, Anita stimmte vor Angst in den nahen Singsang ein. „Mamma mia, das ist nicht der Gesang eines gemästeten Hahns", sagte der Sanitäter Tim. Naima stolperte über einen Ast, fiel auf einen nassen Stamm und sah Anita im Ginster matt „Angina" stammelnd, hängen.

„Agent Sanitas, men in mint mit xs-Maß", stellte sich Tim vor. „Miss Angina, may I help you?"

Er zog Anita agil aus dem mistigen Ginster. „Weder in Assam noch am Himalaja gibt es anmutigere Asiatinnen", kam ihm in den Sinn.

Gemeinsam gingen Tante Naima, Sanitäter Tim und Anita, die an Angina litt, durch einen langen Gang unter einer Gasleitung in ein Gasthaus, hissten eine Santa-Anna Fahne, aßen Gans mit Anis und Tang und tranken massig Gin.

YOUNGSTER

Torsten, der Notar, sonnt sich zu Ostern gerne unten ohne auf einem Otter-Pelz im Garten unter Rosen und Ginster.
Er hat die toten Genossen am versengten Rasen in Geras gelassen. Nun sorgt er für Gerede in Toronto. Aus einer Seegrotte hatte er, im Neopren-Anzug, einen Gorgonen-Ring aus Onyx getaucht. Er hat nur eine Organ-Strafe erhalten, sonst nichts.

Der so nette Toy-Boy Sonny, von seiner tugendsamen Nymphe getrennt, rennt mit einer Sense über Gersten- und Roggenfelder. Sein Onkel, ein strenger, egomaner Tyrann, stiert auf Gerte und eine neue Rute, trennt die rostrote Trense und treibt ein Pony aus dem geteerten Stall in die Sonne.
„Erst die Ernte, später Yoga, dann die Rente", notiert er stur.

Sonny bremst ungern. Sein Pony, eine seltene Sorte, trägt einen Stern unter seinen Nüstern. In Sorge um sein Pony stöbert er hinter den Toren des Stalls Noten hervor. Mit sonorem Ton surrt er monotone Sonette, Suren und Songs.

Aus Richtung Osten ertönt ein Gong. „Essen fertig", ruft Grete treuselig.

Onkel Torsten und Ronny rennen fast die Tür ein.
Als Erster ist Tyrann Torsten, Notar und Onkel, im trauten Nest. Sonny hat Gusto auf Ente und teure Nusstorte, bekommt aber nur Reste von Turron mit gerösteten Nüssen.

Ein Este lehnt, sogar ohne geronnenen Gerstentrunk, im Neopren-Anzug mit gotischen Runen, nach einer Tour durch den Orient, an einer Esse.

ZEBRAFINK

Drei feine Knaben, Fabian, Franz und Ian, kiffen ranzige Birkenfasern, bekommen Fieber und reizendes Kiefer-Kneifen.

Die Knaben zanken um eine Kanne Kaffee, reiben die Beine an einer gebeizten Bank, befingern Reifen und Nabe eines Bikes, raffen frank und frei den Ranzen eines Bankiers, verankern einen Kranz aus Reben und Zirben-Zapfen in einer Rinne, ertränken einen Nerz in Benzin, kneifen Raben, Eber, Finken und Käfer, keifen wie Affen und Nazi-Kaffern in Ankara, ranken Fibrin-Fasern in Zinken und Zacken, reizen Bären am fernen Erzberg, verstecken Ninas Armreif in einem Kran und irren zirka drei mal im Nirwana.

Doch kein Arzt kann bei einer solchen Krise helfen.

Ein Zar brennt eine Kerze ab in Bern, ein Kalif verreibt Kren in Bier und reinem Kefir, ein Franke rät zu weichen Eiern und reifen Birnenkernen. Aber kein Kniff vertreibt den fiebrigen Reiz.

In der Ferne ringt, in einer Bai in Nizza neben einem Anker kniend, ein Ire aus Eire einen nie gekannten Zank mit seiner Zen-Natur.

Wird er die feinen Knaben beraten oder einen raren Frizzante kredenzen?

Inhalt

Eine Sammlung von 26 skurrilen Kurzgeschichten, deren Kapitel von A-Z jeweils einem Wort gewidmet sind.

Die Titel bestehen jeweils aus Wörtern, die auf neun unterschiedlichen Buchstaben basieren. Die Erzählungen ergeben sich durch Wortspiele rund um die Titelwörter; Flora, Fauna und Kulinarisches spielen in jeder der Kurzgeschichten eine Rolle.

Die Geschichten sind zwar voneinander unabhängig, es zieht sich aber dennoch ein roter Faden anhand von wiederkehrenden Personen bzw. Rückblicken durch das gesamte Werk.

Die Illustrationen wurden von Sourie Wultsch als Amulette aus Buchstaben-Perlen gefertigt.

Sourie Wultsch, 1958 in Wien geboren, beschäftigt sich in ihren neueren Arbeiten mit der bildnerischen, handwerklichen und literarischen Umsetzung der Gesetzmäßigkeiten und Regeln von Sudoku-Rätseln und hat für diese Arbeiten den Begriff® MYDOKUART geprägt.